AF591729

mai 1914

VENTE

DU 20 MAI 1914
A 2 HEURES
HOTEL DROUOT, Salle n° 5

EXPOSITION PUBLIQUE
19 Mai, de 2 h. à 6 heures

Intéressante Réunion

DE

MINIATURES

ET DE

MANUSCRITS PERSANS

richement enluminés

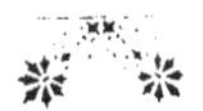

Mᵉ Gaston FRANÇOIS
Commissaire-Priseur

M. Albert DU MAY
Expert Libraire

Intéressante Réunion

DE

MINIATURES

ET DE

MANUSCRITS PERSANS

richement enluminés

dont la Vente aux Enchères Publiques

AURA LIEU

HOTEL DROUOT, Salle N° 5

Le 20 Mai 1914

A 2 HEURES PRÉCISES

Par le Ministère de

Me Gaston FRANÇOIS, Commissaire-Priseur

23, Rue Le Peletier (Tél. 312.29)

assisté de

M. Albert du May, Expert-Libraire

14 *bis*, Rue Saint-Georges (Tél. 139.58)

chez lesquels se distribue le présent Catalogue

Exposition publique le 19 Mai 1914, de 2 h. à 6 h.

Conditions de la Vente

La vente sera faite expressément AU COMPTANT

Les Acquéreurs paieront 10 o/o en sus des enchères.

L'Exposition publique mettant les acquéreurs à même de se rendre compte de l'état des miniatures et manuscrits mis en vente, il ne sera admis aucune réclamation, une fois l'adjudication prononcée.

L'Expert chargé de la vente se réserve le droit de grouper certains numéros.

M. A. DU MAY remplira aux conditions d'usage les ordres qui lui seront remis.

L'Ordre des Numéros du Catalogue sera rigoureusement suivi.

MINIATURES

N.-B. -- Les Miniatures ci-après décrites sont, pour la plupart, sous verres et montées dans de petits encadrements à baguettes en bois doré ou chêne ciré.

1\. — MINIATURE représentant une jeune Princesse persane coiffée à l'européenne et tenant des roses à la main.

Encad. chêne.

2\. — MINIATURE représentant un savant persan.

Encad. bois doré.

3\. — MINIATURE représentant une jeune Princesse persane coiffée à l'européenne.

Encad. bois doré.

4\. — MINIATURE représentant un Roi de Perse assis sur son trône; auprès de lui, la Reine debout. Sur la gauche, trois personnages (chambellans) attendent des ordres.

Très jolie pièce d'un vif coloris, avec petits encadrements à compartiments, du plus gracieux effet.

Encad. chêne.

5\. — MINIATURE représentant une scène d'intérieur du Palais Royal où le Roi assis sur son trône prend des rafraichissements. A gauche, groupe de musiciens jouant de divers instruments.

Encad. chêne.

6\. — MINIATURE représentant un Prince persan coiffé du *Kolah*.

Pièce signée Lagha.

Encad. bois doré.

7\. — MINIATURE représentant une jeune Princesse coiffée à l'européenne.

Très belle pièce portant en langue persane la mention suivante : « Fait pour Son Excellence Mirza-Mohamed, par moi serviteur Lagha en date 1247. »

Encad. chêne.

8. MINIATURE représentant un combat entre deux guerriers à cheval.

Pièce appliquée sur carton à fond grisaille décoré de personnages et animaux teintés à l'or fin.

Encad. chêne.

9. MINIATURE représentant un Prince persan reposant sur un lit. Debout, au pied de la couchette, se tient une *Kolfet* (servante) lui narrant une histoire. A gauche, dans un encadrement formant compartiment, une femme attend les ordres du Prince auquel elle vient d'apporter des carafons et une corbeille de fruits qu'elle a déposés, à terre, devant le lit.

Tres jolie pièce, coloris puissant.

Encad. bois doré.

10. MINIATURE représentant un Roi persan auquel on conduit un condamné les mains liées derrière le dos; plusieurs personnages à gauche du dessin semblent attendre la sentence royale.

Encad. bois doré.

11. MINIATURE représentant un combat à cheval entre chefs de tribus.

Pièce appliquée sur carton à fond grisaille décoré de personnages et animaux teintés à l'or fin.

Encad. chêne.

12. MINIATURE représentant un Roi persan assis sur son trône. A ses pieds, un condamné à mort auprès duquel se tiennent le bourreau et son aide attendant les ordres du Roi.

Belle pièce encadrée d'un double liseré, appliquée sur carton à fond grisaille décoré de personnages et animaux teintés à l'or fin.

Encad. bois doré.

13. MINIATURE représentant un Roi assis sur son trône et s'entretenant avec un personnage. A droite du dessin, un groupe de trois solliciteurs attendent leur tour d'audience.

Jolie pièce d'un vif coloris, petites fleurettes en semis d'un gracieux effet.

Encad. chêne.

14. MINIATURE représentant un guerrier combattant un dragon. Dans le haut du dessin, légende explicative en écriture *Nastalique*.

Encad. chêne.

15. MINIATURE représentant une scène du Palais Royal où le Roi, assis sur son trône, ayant la Reine debout auprès de lui, écoute trois musiciens à genoux. Dans un compartiment, à gauche du dessin, personnages montés sur des éléphants.

Jolie pièce, appliquée sur carton fond carmin décoré de motifs, animaux et fleurs, teintés à l'or fin.

Encad. bois doré.

16. — MINIATURE représentant un guerrier poursuivant une biche.
Encad. chêne.

17. — MINIATURE représentant les suites d'un combat. Deux guerriers, l'un blessé et inanimé est soigné par son compagnon. Auprès d'eux, leurs chevaux richement caparaçonnés.
Encad. chêne.

18. — MINIATURE représentant un guerrier à cheval venant rendre compte de ses combats au Roi que l'on aperçoit à mi-corps à une fenêtre du Palais.
Encad. bois doré.

19. — ECRITURE. Feuillet manuscrit. Fragments de poésies d'une belle écriture *Nastalique*. Papier de Chine de KAMBALÈGHE, teinté, à semis d'or fin appliqué sur carton avec liseré formant encadrement.
Encad. chêne.

20. — ECRITURE. Feuillet manuscrit. Pensée en vers, écrite par le célèbre calligraphe MIR. Très belle écriture *Nastalique* du XVI siècle, en noir sur fond à l'or fin, décoré d'ornements polychrômes. Filets encadrements formant bordure
Encad. chêne.

21. ECRITURE. Feuillet manuscrit. Placet écrit par le fameux calligraphe DERVICH. Très belle écriture *Chikesté* du XVIIe siècle, en noir se détachant sur fond à l'or fin. Bordure vieux rose à semis de fleurs d'or. Encadrement formant liseré à fond vert et semis chiné or.
Encad. bois noir.

22. SARLOHS. Frontispices de Manuscrit. Deux feuillets à mosaïques polychrômes se détachant sur fond lapis-lazuli et or pur et formant des arabesques du plus heureux effet. Ecriture *Nastalique* disposée sur trois colonnes; papier de Chine de KAMBALÈGHE appliqué sur carton, liseré décoré de fleurettes multicores formant encadrement.
Encad. bois sculpté. Style L. XVI.

23. — ECRITURE. Deux feuillets manuscrits. Versets du Koran. Belle écriture *Kuffique* du XVIIe siècle sur papier d'alfa teinté.
Encad. chêne.

24. — ECRITURE. Deux feuillets manuscrits sur *peau de vélin*. Ecriture *Hébraïque* du XVIIe siècle, annotations marginales relatives à l'ancien testament.
Encad. chêne.

25. — ECRITURE. Deux feuillets manuscrits provenant d'un Evangile. Ecriture *Arménienne* du XVIIe siècle sur *peau de vélin*. Lettrine décorée à deux teintes, formant camaïeu
Encad. chêne.

26. — MINIATURE du XVIe siècle. Le Roi assis est entouré de ses servantes lui présentant des plats. Au premier plan, groupe de musiciennes. En haut et en bas de la miniature, légende explicative, disposée en compartiments.

Très belle pièce signée Mohine-Mastour, joli coloris fondu et très doux à l'œil.

Encad. bois doré.

27. — MINIATURE du XVIe siècle. Audience royale, scène représentant le Roi assis sur son trône, en conseil avec ses ministres. En haut et en bas de la miniature, légende explicative en écriture *Nastalique* disposée sur quatre colonnes.

Très belle pièce signée Mohine-Mastour, joli coloris, personnages très expressifs.

Encad. chêne.

28. — MINIATURE du XVIe siècle. Le Roi et la Reine sont assis sur un trône. Au premier plan de la miniature des servantes préparent des rafraichissements; au fond, des musiciennes jouent de divers instruments. Légende explicative en écriture *Nastalique* disposée sur quatre colonnes.

Pièce d'une magistrale exécution, signée Mohine-Mastour.

Encad. bois doré.

29. — MINIATURE du XVIe siècle. Le Roi et son Vizir se promènent sur la terrasse d'un palais dont la façade est ornée d'oiseaux et d'un soleil d'or. Au premier plan du dessin, groupe de cinq personnages en observation. En haut et en bas de la miniature, légende explicative en écriture *Nastalique* disposée sur quatre colonnes.

Pièce signée Mohine-Mastour.

Encad. chêne.

30. — MINIATURE du XVIe siècle représentant une Dame indienne assise sur un tabouret et nue à mi-corps.

Jolie pièce dont le coloris très puissant se détache sur fond vieux rose.

Encad. bois doré.

31. — MINIATURE du XVIe siècle. Le Roi assis sur son trône est dans ses appartements; près de lui se tient la Reine accroupie sur un tapis. Au loin, on aperçoit les marches d'un escalier sur le palier duquel se promène l'Eunuque.

Pièce de toute beauté et finement exécutée.

Encad. bois doré.

32. — MINIATURE du XVIe siècle, représentant une Assemblée de Savants, tenue dans la campagne, sous la présidence du Roi. Nombreux personnages. Légende explicative en haut et en bas de la miniature.

Pièce intéressante et d'un puissant coloris.

Encad. bois doré.

33. — MINIATURE du XVIIe siècle. Episode cynégétique. Dans le fond, on aperçoit Ali, gendre du Prophète, voilé et monté sur le célèbre cheval à tête d'homme *Douldoul*, ayant à ses côtés deux génies ailés. Au centre de la miniature, un chasseur épaule son fusil pendant qu'un autre égorge une biche devant laquelle un chien est en arrêt. Un groupe de chasseurs préparent le repas tandis que l'un d'eux, au premier plan, prête son assistance à un de leurs compagnons assis et blessé.

Encad. chêne. (Voir la reproduction.)

34. — MINIATURE du XVIIe siècle représentant un guerrier à cheval, lancé à la poursuite d'un cavalier qu'il atteint et enlève de sa monture.

Belle pièce curieuse appliquée sur carton à semis d'animaux et fleurs à l'or fin.

Encad. chêne. (Voir la reproduction.)

35. — MINIATURE du XVIIe siècle représentant un Roi et une Reine assis dans un jardin. Auprès d'eux, un groupe de musiciens jouant de leurs instruments.

Jolie pièce appliquée sur carton à semis d'animaux et fleurs à l'or fin.

Encad. bois doré.

36. — MINIATURE représentant une scène de lutte. Trois femmes assistent au combat.

Application sur carton à semis d'animaux et fleurs à l'or fin.

Encad. bois doré.

37. — MINIATURE du XVIIe siècle représentant le célèbre Général Rostam-Zal endormi sur un rocher. Le démon bleu *Dive-Kaboud* s'empare de son ennemi sans défiance en l'emportant avec le rocher sur lequel il repose.

Pièce d'un fort joli coloris, appliquée sur carton à semis d'animaux et oiseaux teintés à l'or fin.

Encad. bois doré.

38. — MINIATURE du XVIIe siècle représentant un Roi de Perse et sa suite qui, au cours d'un voyage, se sont égarés. On les aperçoit dans une forêt arrêtés devant un arbre portant, en guise de fruits, des têtes d'hommes et d'animaux.

Pièce de toute beauté et d'un riche coloris.

Encad. bois doré.

39. — MINIATURE représentant une chasse royale. Le Roi, à cheval, armé de son arc, s'apprête à venger la mort d'un de ses sujets qu'un dragon achève de dévorer. Dans la gueule du monstre, on aperçoit encore la tête de son infortunée victime.

Encad. bois doré.

40. — MINIATURE du XVIIe siècle représentant un guerrier tombé de son cheval. Auprès de lui, son père qui, sans l'avoir reconnu, l'a combattu et blessé, s'apprête à réparer son erreur, en lui prêtant secours.

Encad. bois doré.

41. — MINIATURE du XVIIe siècle représentant un Roi armé et portant son bouclier. D'un coup de son cimeterre, il coupe en deux un dragon.

Jolie pièce appliquée sur carton à semis d'animaux, fleurs et feuillages teintés à l'or fin.

Encad. chêne.

42. — MINIATURE représentant un combat que se livrent, au pied d'une montagne, deux guerriers à cheval, armés, l'un d'une massue et l'autre d'une épée et d'un arc. Deux spectateurs assistent à cette lutte.

Pièce appliquée sur carton à semis d'animaux, fleurs et feuillages, teintés à l'or fin.

Encad. chêne.

43. — MINIATURE représentant un cavalier lançant un lasso avec lequel il atteint son adversaire et l'enlève de l'éléphant lui servant de monture.

Pièce appliquée sur carton à semis d'ornements, fleurs et feuillages, teintés à l'or fin.

Encad. bois doré.

44. — ECRITURE. Feuillet de manuscrit. Fragment de poésie en jolie écriture *Nastalique*, sur papier *Kambalèghe* appliqué sur carton, à semis d'animaux, fleurs et feuillages teintés à l'or fin. Dans le haut de l'encadrement, formant médaillon, on remarque le portrait au crayon du Prophète assis, tenant en main sa fameuse épée *Zolféghar.*

Encad. chêne.

45. — SARLOH. Frontispice de Manuscrit. Feuillet à mosaïques polychrômes se détachant sur fond lapis-lazuli et or pur et formant des arabesques. Ecriture *Nastalique* disposée sur quatre colonnes à interlignes à l'or poli à l'agate. Papier de Chine *Kambalèghe*, appliqué sur carton à fleurs teintées à l'or fin.

Encad. chêne.

46. — MINIATURE du XIVe siècle représentant un Cheickh à mi-corps. Légende explicative en ancienne écriture persane.

Pièce signée et appliquée sur carton à semis feuillage d'or.

Non encad.

47. — MINIATURE du XVIIe siècle représentant un rossignol sur les branches d'un rosier en fleurs. (*Gol et Bolbol.*)

Pièce signée Issa d'un délicat coloris.

Non encad.

48. — MINIATURE du XVIe siècle représentant une fée ailée avec les instruments de musique à la main.

Pièce d'un joli dessin et d'un vif coloris, appliquée sur carton à semis d'ornements, animaux et feuillages, teintés à l'or fin.

Non encad.

49. — MINIATURE du XVIe siècle représentant un professeur assis, tenant un livre à la main et interrogeant une élève. Une guirlande de fleurs, du plus heureux effet, sépare cette scène d'un groupe de personnages.

Pièce appliquée sur carton, analogue à la précédente.

Non encad.

50. — MINIATURE représentant le Chah *Mohamed* monté sur son cheval favori *Gamalmaz*, de race turcomane.

Jolie pièce, finement exécutée et appliquée sur carton décoré d'arabesques teintées à l'or fin se détachant sur fond rose.

Non encad.

51. — MINIATURE représentant un Roi présidant son conseil. Nombreux personnages dans un jardin ombragé.

Pièce signée.

(Légèrement défraichie.)

Non encad.

52. — MINIATURE du XVIIe siècle représentant *Rostam-Zal* combattant le démon blanc qu'il a terrassé et qu'il poignarde. Un personnage ligotté à un arbre assiste au combat. En haut de la miniature, légende explicative en écriture *Nastalique*.

Belle pièce appliquée sur carton foncé à semis d'oiseaux, fleurs et feuillages teintés à l'or fin.

Non encad.

53. — MINIATURE du XVIIe siècle représentant un guerrier monté sur un cheval richement caparaçonné et combattant un dragon auquel il fend la tête d'un coup de sabre.

Non encad.

54. — MINIATURE du XVIIe siècle représentant un combat entre deux guerriers à pied armés de sabres et de boucliers, leurs chevaux sont auprès d'eux.

Joli pièce appliquée sur carton foncé à semis d'oiseaux et bouquets de fleurs teintés à l'or fin.

Non encad.

55. — MINIATURE du XVIIe siècle représentant la délivrance d'une Princesse à laquelle un chirurgien, assisté de sages-femmes, prodigue des soins. Une femme de chambre, tenant un livre à la main, se dispose à entrer dans la pièce.

Jolie pièce appliquée sur carton, analogue à la précédente.

Non encad.

56. — MINIATURE représentant un guerrier rendant visite à Medjnoun presque nu et à genoux au pied d'un arbre derrière lequel un Dragon ailé, multicolore, cherche à se dissimuler. Dans le feuillage de l'arbre on aperçoit trois oiseaux aux jolis plumages.

Non encad.

57. — MINIATURE du XVIIe siècle représentant le Roi assis sur son trône, regardant un groupe de musiciennes et de danseuses. Légende en écriture *Nastalique* dans le haut de la miniature.

Pièce d'une exécution remarquable et signée Mohine-Mastour. (Voir la reproduction.)

Non encad. Quelques figures légèrement abîmées.

58. — MINIATURE du XVIIe siècle représentant le Roi et la Reine assis sur leur trône, se distrayant aux danses qu'accompagnent de leurs instruments un groupe de musiciennes. Légende en écriture *Nastalique*.

Pièce signée Mohine-Mastour, d'un fort jolis coloris.

Non encad.

59. — MINIATURE du XVIIe siècle représentant le Roi assis sur son trône, entouré des femmes de son harem qui lui préparent des rafraîchissements. Des musiciennes se disposent à jouer de leurs instruments.

Pièce signée Mohine-Mastour.

Non encad.

60. — MINIATURE du XVIIe siècle représentant le Roi assis sur son trône, entouré de ses esclaves qui lui présentent à boire. Au premier plan deux musiciennes jouent de leurs instruments. Texte explicatif en écriture *Nastalique*.

Pièce de toute beauté, riche coloris à rehauts à l'or pur et signée Mohine-Mastour.

Non encad.

61. — MINIATURE du XVIIe siècle représentant le Roi assis sur son trône. Debout près de lui se tient un serviteur et devant le trône les fauconniers ayant le faucon sur le poing. Sur le côté de la miniature, trois femmes voilées de blanc, conduites par l'eunuque, vont être jugées. Au premier plan, des serviteurs apportent une collation pendant qu'un écuyer conduit près du trône le cheval favori du Roi. Dans le lointain, on aperçoit les éléphants tout harnachés.

Très belle pièce signée Mohine-Mastour.

Non encad.

62. — MINIATURE du XVIIe siècle représentant le Roi sur son trône, ayant près de lui ses chambellans, ainsi que ses musiciens auxquels il offre une collation.

Pièce d'une très fine exécution, signée Mohine-Mastour.

Non encad.

63. — MINIATURE du XVIe siècle représentant, au premier plan, un Anachorète demi-nu, prosterné à l'abri d'un arbre touffu dans les branches duquel on aperçoit, à moitié caché par les feuilles, différentes espèces d'oiseaux aux plumages variés. Devant l'ermite, un ministre, à genoux, lui présente des fruits de la

part du Roi dont un des chambellans se tient un peu à l'écart. A gauche du religieux, une jeune fille, sa disciple, et, à sa droite, un derviche. Dans le lointain, des éléphants de taille minuscule s'ébattent dans la campagne. Au fond, on aperçoit le Château Royal flanqué de tourelles. Plus éloigné, un pavillon isolé auprès duquel on distingue des cerfs ainsi qu'un personnage. Au pied d'un arbre, derrière le pavillon, on entrevoit un berger et ses moutons. *Très jolie perspective*. Au tout premier plan de cette pièce remarquable, un livre ouvert dont les inscriptions en écriture *Kuffique* donnent le nom de l'auteur de cette miniature, véritable tableau et d'un travail de tout premier ordre.

Non encad.

64. — MINIATURE DU XVIe siècle représentant, devant sa hutte, abrité par un arbre, un Derviche en prières, accroupi sur un tapis sur lequel il a déposé son turban ainsi qu'une partie de ses vêtements. Au premier plan de la miniature, un faon, seul compagnon de sa solitude, est attaché. Dans le fond, on aperçoit une ville.

Très belle pièce magistralement traitée.

Non encad.

65. — MINIATURE du XVIe siècle représentant deux religieux en conciliabule, assis sur un tapis déroulé dans la campagne, à l'ombre d'un arbre et près d'une rivière. Dans le fond, un château se détachant sur un joli ciel.

Pièce appliquée sur carton avec double encadrement à semis de fleurettes et bouquets teintés à l'or fin.

Non encad.

66. — MINIATURE du XVIIe siècle représentant une Princesse Indienne en costume nuptial et parée de ses bijoux. Elle tient une rose à la main.

Pièce appliquée sur carton, analogue au précédent.

Non encad.

67. — MINIATURE représentant une musicienne indienne se disposant à jouer de l'instrument qu'elle tient à la main.

Pièce appliquée sur carton avec triple encadrement polychrôme, fleurs teintées à l'or fin formant bordure et se détachant sur fond vert.

Non encad.

68. — MINIATURE exécutée en Perse, d'après un tableau Italien, représentant une Dame près d'un arbre et tenant à la main un instrument de musique. Devant elle un cerf et une biche. Au dernier plan de la miniature, une ville à flanc de coteau se détache du paysage.

Très jolie pièce d'un vif coloris, bel effet de perspective.

Non encad.

69 — MINIATURE, datée du mois de Redjeb de l'an 1032 de l'Hégire et représentant un Cheickh. Pièce signée de REZA-ABBASSI et dédicacée à son fils MOHAMED-CHEFI.

Cette pièce, fort jolie, est entourée d'un liseré formant bordures. Elle est appliquée sur carton à fond orange décoré de motif variés teintés à l'or pur.

Non encad.

70. — GRISAILLE, attribuée à REZA-ABBASSI et représentant un Arghali (mouflon) attaché à un piquet.

Très jolie grisaille finement traitée et appliquée sur carton à semis à l'or fin.

Non encad.

71. — GRISAILLE représentant un loup venant d'enlever un agneau. Le berger et le chien le poursuivent. Pièce signée MIRZA-BABA, célèbre peintre persan.

Non encad.

72. — GRISAILLE représentant un lion combattant un dragon. Dans le fond on aperçoit deux sangliers. Jolie pièce signée MIRZA-BABA.

Non encad.

73. — GRISAILLE du XVIIe siècle représentant un lion à l'affût. Pièce signée ZAMAN.

Non encad.

74. — GRISAILLE représentant un Prince et une Princesse de l'Inde en costumes de fiancés. Poésies sentimentales en écriture *Nastalique* disposées sur chaque côté de la scène.

(Voir la reproduction.)

Non encad.

75. — MINIATURE représentant un Prince Indien faisant un vœu devant l'arbre sacré appelé *Draghte-Ahd* ou l'arbre des vœux.

Très jolie pièce portant au verso le cachet d'Abdul-Ali.

Non encad.

76. — GRISAILLE représentant le portrait de *Leïla*, la célèbre amoureuse de *Medjnoun*. Pièce de toute rareté et d'un fini d'exécution irréprochable. (Voir la reproduction.)

Encad. bois doré.

77. — GRISAILLE. Gol et Bolbol (roses et rossignols). Pièce d'un agréable coloris et finement exécutée.

Encad. chêne.

78. — MINIATURE du XVIIe siècle représentant un Prince du Turkestan. Joli portrait.

Pièce portant au verso le cachet de Mohamed-Ali.

Encad. chêne.

79. — MINIATURE d'après une estampe italienne représentant un évêque lisant son bréviaire.

Pièce appliquée sur carton, avec liserés formant encadrements.

Encad. chêne.

80. — MINIATURE représentant le portrait de HEYDAR-ALI-CHAH, surnommé le Derviche aux quatre yeux. Très jolie pièce.

Encad. chêne.

81. — MINIATURE représentant un Derviche fumant le THARCE (Huile de genièvre) dans un narghilé. (Ce stupéfiant a la propriété de multiplier à l'infini les objets occupant la pensée du fumeur.)

Encad. chêne.

82. — MINIATURE de la fin du XVe siècle, représentant un lutteur symbolisant une étoile.

Cette pièce, très rare, provenant d'un manuscrit sur l'Astronomie, est signée par Abdulerahman. (Voir la reproduction.)

Non encad.

83. — MINIATURE de la fin du XVe siècle représentant Vénus sur son trône.

Cette pièce, comme la précédente, provient d'un manuscrit sur l'Astronomie et est signée par Abdulerahman.

Non encad.

84. — MINIATURE de la fin du XVe siècle, représentant un personnage symbolisant une étoile.

Comme les précédentes, cette pièce provient d'un manuscrit sur l'Astronomie et, quoique non signée, peut être attribuée à Abdulerahman.

Non encad.

85. — MINIATURE représentant MEDJNOUN assis au pied d'un arbre, tenant sur les doigts un perroquet avec lequel il converse (*Medjnoun, d'après la légende, avait le pouvoir de s'entretenir avec tous les animaux.*) Il est représenté, ici, dans la forêt, ayant devant lui son livre de prières. Signée au centre par le célèbre peintre LEALE.

Pièce de toute beauté appliquée sur carton fond saumon à décors d'oiseaux, animaux et feuillages teintés à l'or fin. (Voir la reproduction.)

Non encad.

86. — MINIATURE représentant un *Molla* sur le seuil d'une mosquée. Il tient à la main un Koran. On aperçoit à gauche, un mendiant. Paysage verdoyant et fleuri au centre duquel on voit un bassin où s'ébattent des cygnes. Se profilant, dans le lointain, on distingue les coupoles des minarets surmontant les jardins suspendus.

Pièce sur papier de soie Kambalèghe appliqué sur carton décoré de motifs à l'or fin se détachant sur fond maïs.

Au verso, poésie écrite par Mir-Imad, un des plus célèbres calligraphes persans du XVIIe siècle.

Non encad.

MANUSCRITS

87. — MANUSCRIT. Divan ou recueil de poésies du célèbre poète NIZAMI. Cinq parties en 1 vol. in-fol. (22 × 34), se décomposant ainsi :

1° MAKZAN-EL-ESRAR ;
2° KHOSROV-SHÉRIN ;
3° LEILA-MEDJNOUN ;
4° HEFT-BONGUER ;
5° ISKENDER-NAMEH.

Manuscrit écrit au XVIIe siècle sur papier **Kambalèghe** en écriture **Nastalique** disposée sur quatre colonnes à la page.

Vingt miniatures représentant des scènes d'intérieur, des épisodes de guerres, de chasses, etc...

Très beau frontispice (**Sarloh**) sur fond lapis-lazuli.

88. — MANUSCRIT. Œuvres de SAADI comprenant *le Gulistan (recueil en vers et en prose de préceptes moraux, d'épigrammes, d'anecdotes piquantes), le Bustan (recueil du même genre mais entièrement en vers), le Pend-nameh (Livre des Conseils aux Rois)* (Poèmes moraux en prose).

Saadi, le plus célèbre des poètes persans, surnommé **la salière des Poètes**. Ces œuvres ont été traduites en plusieurs langues notamment en français par **André Duryer**, sous les titres de **Gulistan** ou l'Empire des Roses, **Jardin des Fleurs**, **Jardin Potager**, etc. (Paris, 1634, in-12).

1 vol. in-8° (15 × 25) de 330 ff. Reliure moderne.

Manuscrit sur papier de Chine de Kambalèghe légèrement teinté, écrit vers l'an 1028 de l'Hégire par **Zearrin-Galem**. Belle écriture **Nastalique** disposée sur une colonne à la page avec un **texte** formant **encadrement**.

Quatre Miniatures représentant entre autres des scènes où l'on voit **Saadi** tenant audience dans un palais. Trois Sarlohs (Frontispices) dont deux occupant chacun une page entière.

89. — MANUSCRIT Khamseï-Nizami. Poésies en vers relatant l'histoire la plus complète des amours du Roi KHOSROV et de la Reine SHIRIN.

In-8° (20 × 30), ancienne reliure.

Manuscrit du XVIe siècle composé de 151 ff. sur papier de Chine de Kambalèghe. Très belle écriture **Nastalique** disposée sur quatre colonnes à la page.

Huit jolies Miniatures se rapportant au sujet (scènes de chasses, combats, vie domestique, etc.). Quatre Sarlohs (Frontispices) dont deux occupant chacun une page entière.

90. — MANUSCRIT. — Mesnevi ou Poésies légères, amoureuses, sentimentales, etc., du célèbre poète persan MOVLEVI. Œuvres complètes de cet auteur.

1 vol. in-8° (15 × 24). Reliure ancienne à compartiments. Intérieur des plats Soukhtéï Tehrir (Losanges à fond de couleur, cuir découpé formant rinceaux en appliques).

Manuscrit sur papier de Chine de Kambalèghe, légèrement teinté, écrit vers l'an 889 de l'Hégire en belle écriture **Koranique** disposée sur quatre colonnes à la page encadrées de filets. Les Sommaires écrits à **l'Or pur**. (Voir la reproduction.)

91. — MANUSCRIT de 1020 ff. (13 × 20). Ecrit au XVIe siècle sur papier de Chine *Kambalèghe*. Très belle écriture *Nastalique* disposée sur deux colonnes à la page. Dix MINIATURES finement exécutées. Sept Sarlohs (*Frontispices*) et nombreux en-têtes de chapitres en ancienne écriture *Kuffique*. La plupart des ff. sont rehaussés d'un filet d'or formant encadrement.
(Voir la reproduction.)

92. — MANUSCRIT. — Livre de Physique arabe. 1 vol. (16 × 22). Manuscrit écrit au XIIIe siècle sur papier de Chine *Kambalèghe* en écriture *Koranique* tenant la page entière. 87 planches en couleurs ayant trait au sujet.

Cet ouvrage de toute rareté forme un des traités scientifiques le plus complet que nous possédons de cette époque.

93. — MANUSCRIT. — Khamseï-Nizami ou les cinq trésors poétiques du poète persan NIZAMI. 1 vol. (30 × 18), jolie reliure en laque de Perse dont les plats sont agrémentés de fleurs et fleurettes multicolores.

Manuscrit **écrit au XVIIIe siècle sur papier de Chine en écriture Nastalique disposée sur 4 colonnes à la page. 6 grands Sarlohs (frontispices). Têtes de chapitres et culs-de-lampe formés de rinceaux et ornements à l'or pur sur fond lapis lazuli ou polychromés.**

94. — MANUSCRIT. — BAHMAN-BEG *fils* de AHMED-BEG, *et petit-fils de* YOUSOUF-PACHA, né à Van. Généalogies en Turc.

1 vol. in-4° (22 × 31) de 60 ff. environ. Reliure Persane à recouvrement.

Manuscrit sur papier de soie (Tirma), écrit vers l'an 1091 de l'Hégire par **Zamedi-Redjeb** Texte turc en écriture Koranique.

Cet ouvrage se divise en deux parties. La première partie donne la généalogie du Prophète Mohamed et de ses ascendants depuis Adam. La deuxième partie retrace la généalogie de tous les Prophètes connus depuis Adam jusqu'à l'an 1091 de l'Hégire et celle des Rois Musulmans leurs contemporains, avec les dates de naissance, d'avènement, de mort et la durée du règne de ces Princes. Chaque Arbre généalogique porte des cachets et des signatures.

95. — MANUSCRIT. — Schahmardan-Razi (Philosophe) Nozhatnamé ou Livre de distraction.

1 vol. in-8° (16 × 24) de 285 ff. *Manuscrit* écrit au XIIe siècle.

Ecriture **Naskhe** très ancienne.

Ce livre a été écrit pour le Roi du peuple **Kakou de Mazandaran**, surnommé **Amir Alaoudovlé Garschassouf**, fils de **l'Amir Maïoud**, fils **d'Ali**, fils de **Schams'al-**

Mulu, fils de **Amir Faramarz Amir Ala ed Dovlé**, fils de **Abu Djafar Mohamed Dichmiziar** qui fut contemporain de **Abu Djafar Kaïm be Amroullah**, fils de **Abassi Khalifa**.

Ce livre est un résumé des sciences naturelles, astronomiques et médicales.

Cet ouvrage n'a jamais été imprimé **(Noskha)**.

96. — MONEDJEMI ou le Livre d'astronomie. 1 vol. 20 × 28. *Reliure sans intérêt.*

Manuscrit du XVe siècle en belle écriture Koranique. **Quantité de Figures en noir** ayant trait au sujet.

97. — KITABE HEYAT ol Heyvan ou Histoire naturelle. 1 vol. 19 × 27. *Reliure sans intérêt.*

Manuscrit en écriture **Naskhe** du **XVI**^e^ siècle.

98. — TAHRIKHE-MESRE ou Histoire de l'Egypte. 1 vol. 14 × 21. *Reliure sans intérêt.*

Manuscrit écrit au XVIe siècle. Ecriture Koranique. Manque q.q. pages.

99. MANUSCRIT. Mohamed Ibne Malike Chafeï (*Réunion de* 1.001 *vers arabes*).

1 vol. in-8° (15 × 20) de 72 ff. environ; *Manuscrit* sur papier de Chine. Ecriture **Koranique ancienne**.

100. MANUSCRITS :

1° Sarfe-Mir ou Grammaire.

1 vol. in-8° (16 × 22) de 22 ff. environ; *Manuscrit* sur papier ancien, écrit au XVe siècle. Ecriture **Koranique**.

2° Sharhe Avamil ou Grammaire commentée.

1 vol. in-8° (16 × 22) de 24 ff. environ; *Manuscrit* sur papier ancien, écrit au XVe siècle. Ecriture **Koranique**.

3° Siouti ou Grammaire arabe.

1 vol. in-8° (15 × 22) de 126 ff. environ; *Manuscrit* sur papier ancien, écrit au XVe siècle. Ecriture **Koranique**.

Ce dernier ouvrage porte les sceaux et signatures de **Mohamed Hassan Ibne Hadji** et de **Mohamed Mehdi**.

100 *bis*. — MANUSCRIT en écriture *Koranique*. Description des anciennes mosquées. In-8° (12 × 21), rel. chag. noir.

100 *ter*. — MANUSCRIT en écriture *Naskhe* du XVe siècle. Prophéties persanes. Beau manuscrit sur papier de soie *Kambalèghe*. In-8° (11 × 21).

Curieuse reliure dont les plats sont couverts d'une écriture Koranique disposée sur quatre colonnes, relatant les louanges et les qualités du Prophète.

LIVRES IMPRIMÉS

101. — IMPRESSION. — Hafiz. Poésies. — In-8° relié.

102. — IMPRESSION. — Divan Hakaik. Recueil philosophique. — In-8° relié.

103. — IMPRESSION. — Tezkereï Medjdié ou Biographie du Schah Nasser ed Dine et de ses Ministres, avec leurs portraits. — In-8° relié.

104. — IMPRESSION. — Cheikh Mahmoud Chabestari. Golchane-Raz ou Questionnaire philosophique. — In-8° relié.

DIVERS

105. — PEINTURE A L'HUILE. — Portrait ancien sur toile (XVII° siècle, représentant un Prince royal tenant un verre qu'il porte aux lèvres de sa fiancée (*Jolis costumes*).

Cadre en bois gainé d'étoffe persane ancienne.

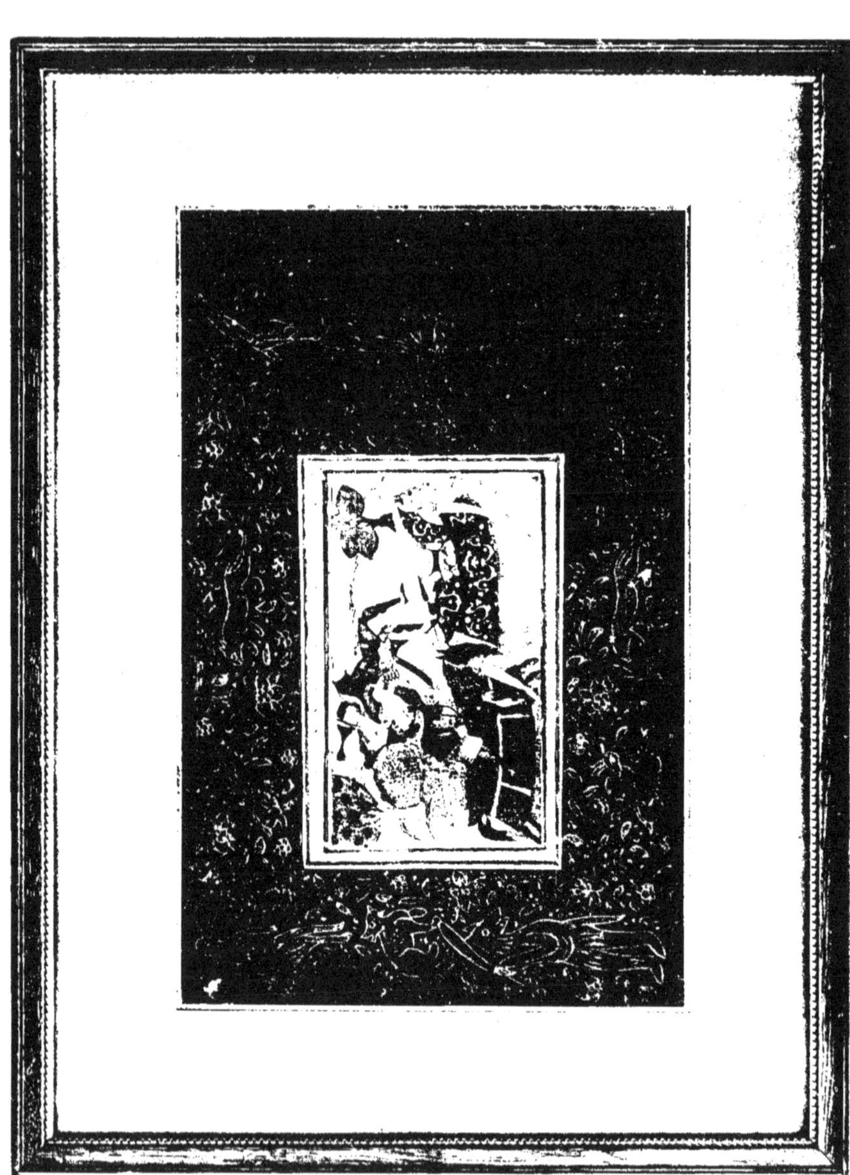

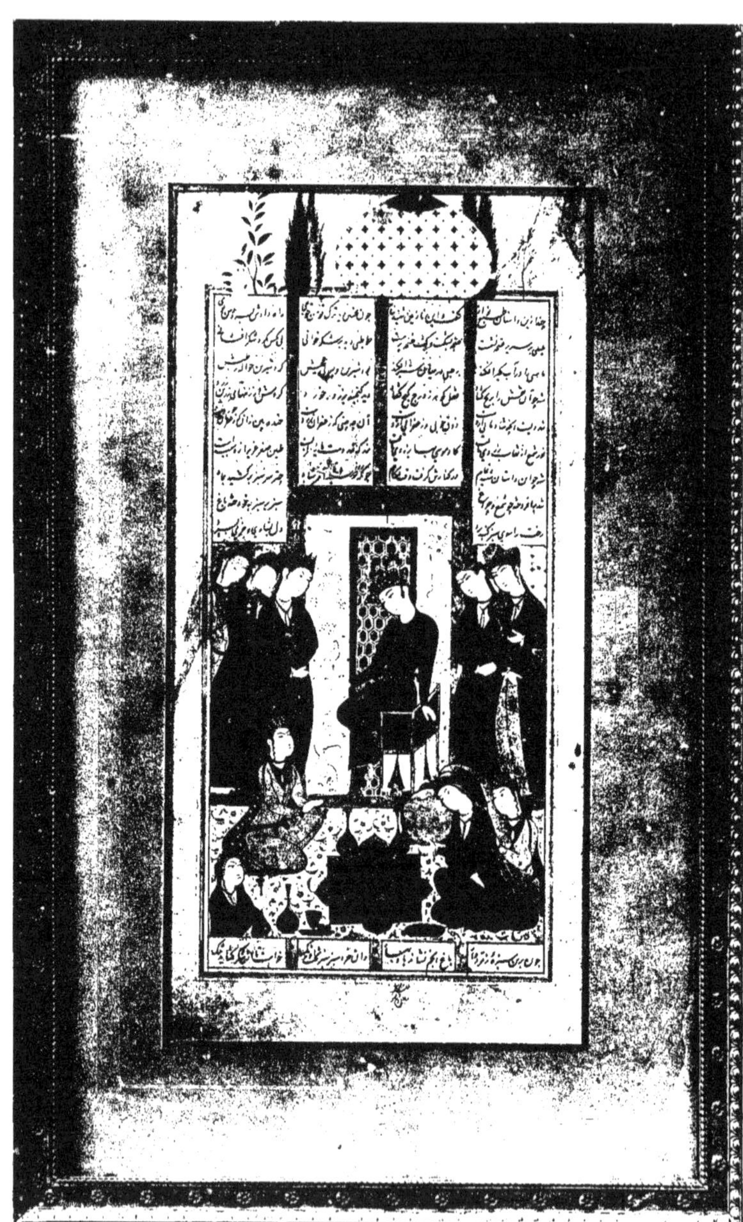

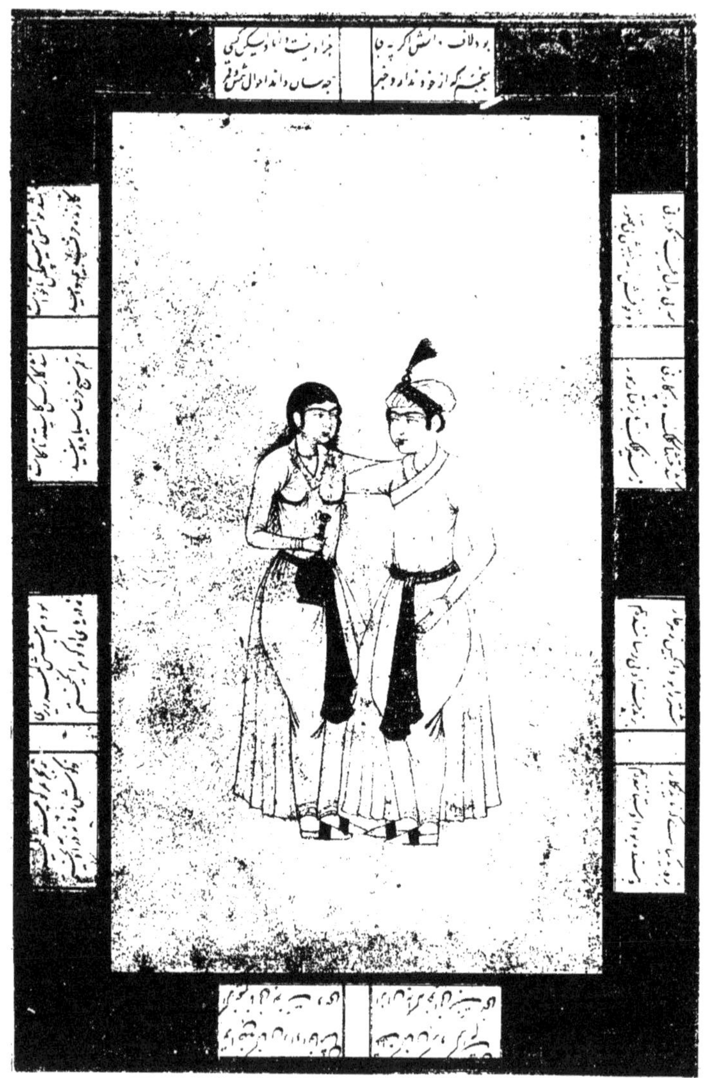

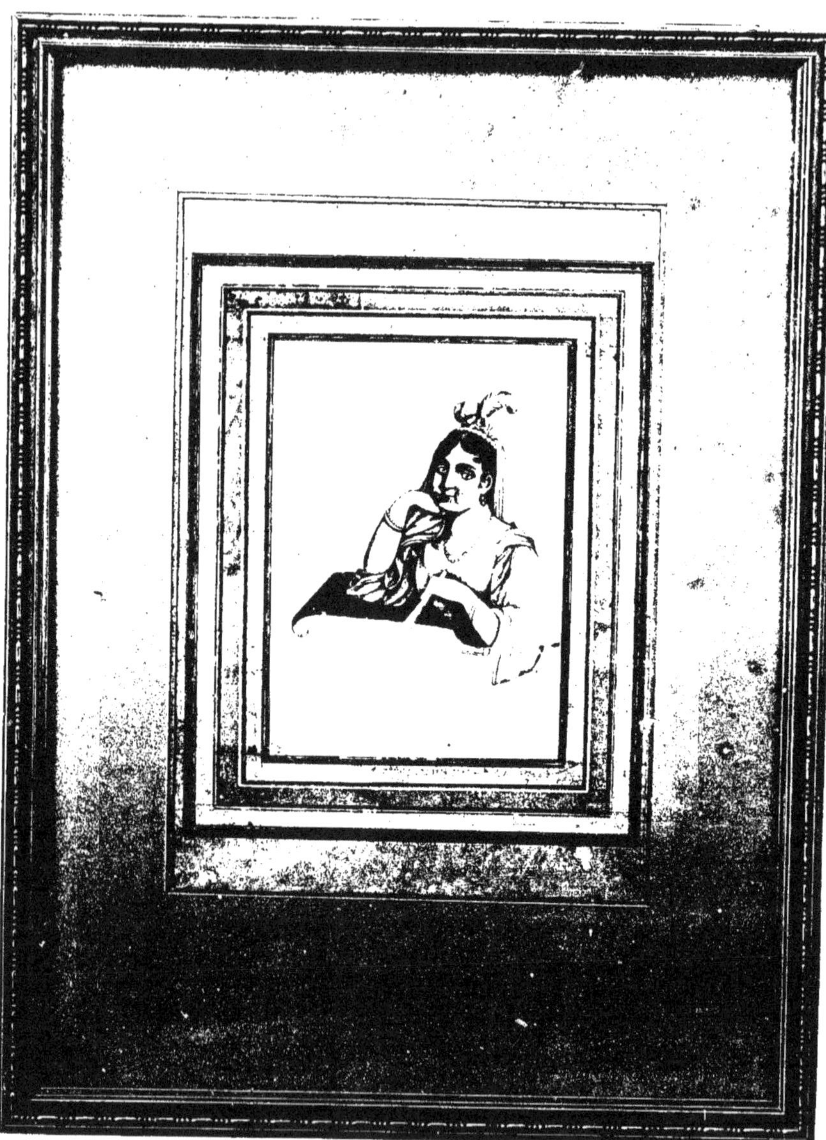

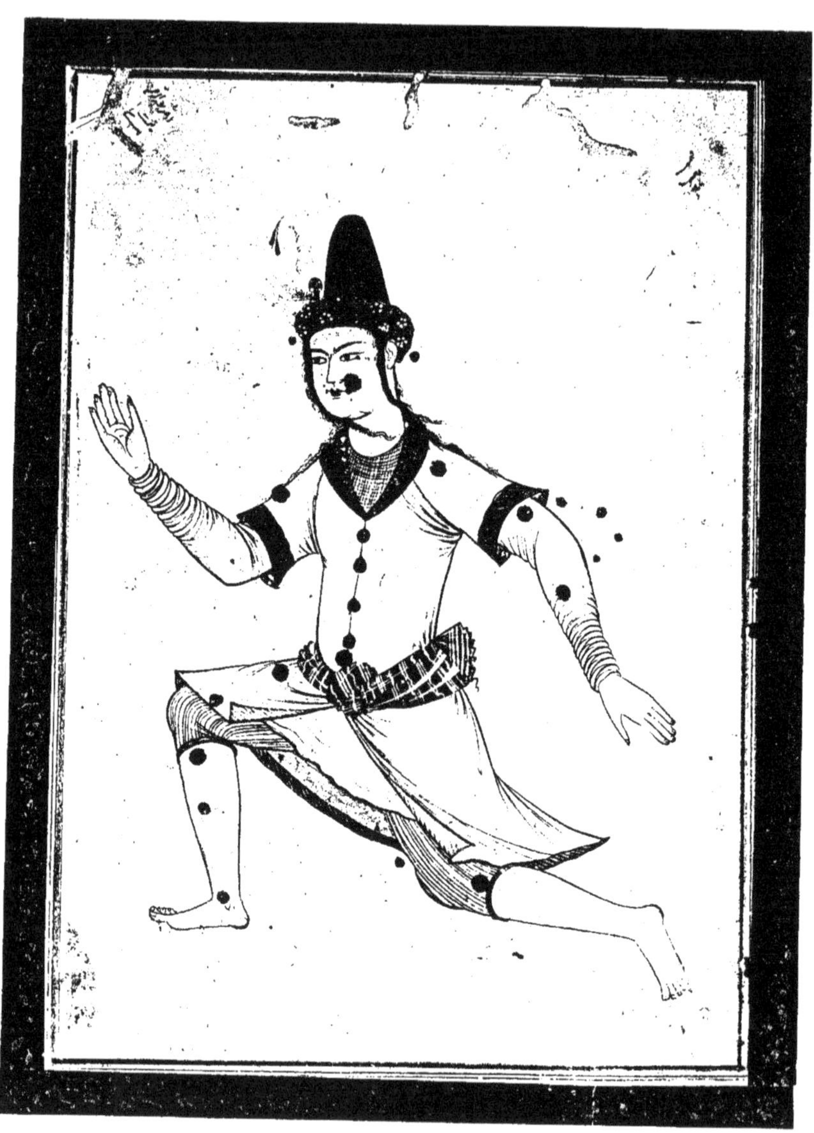

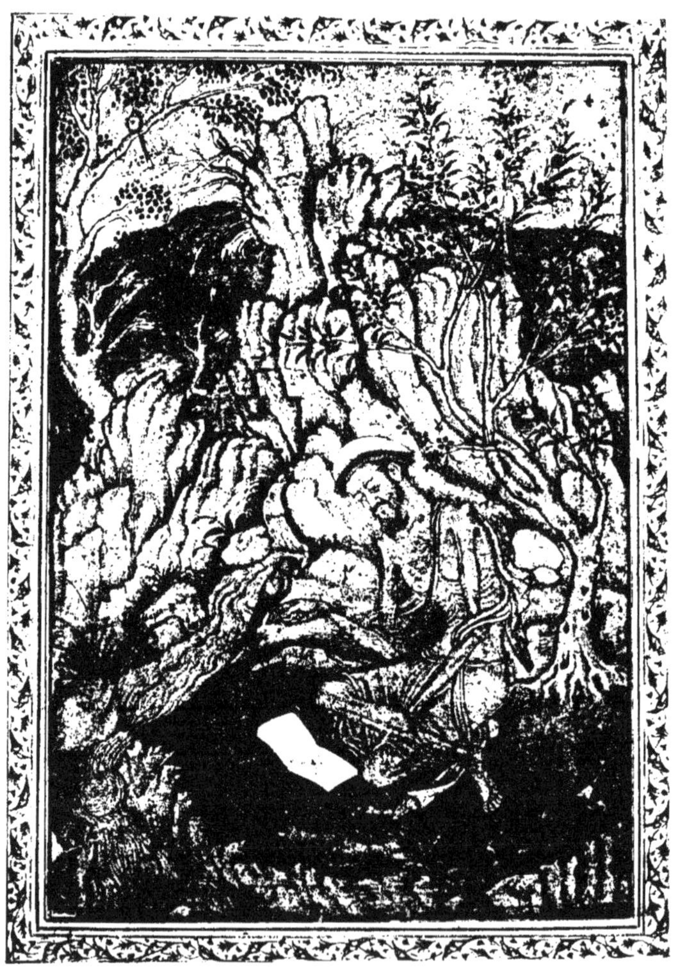

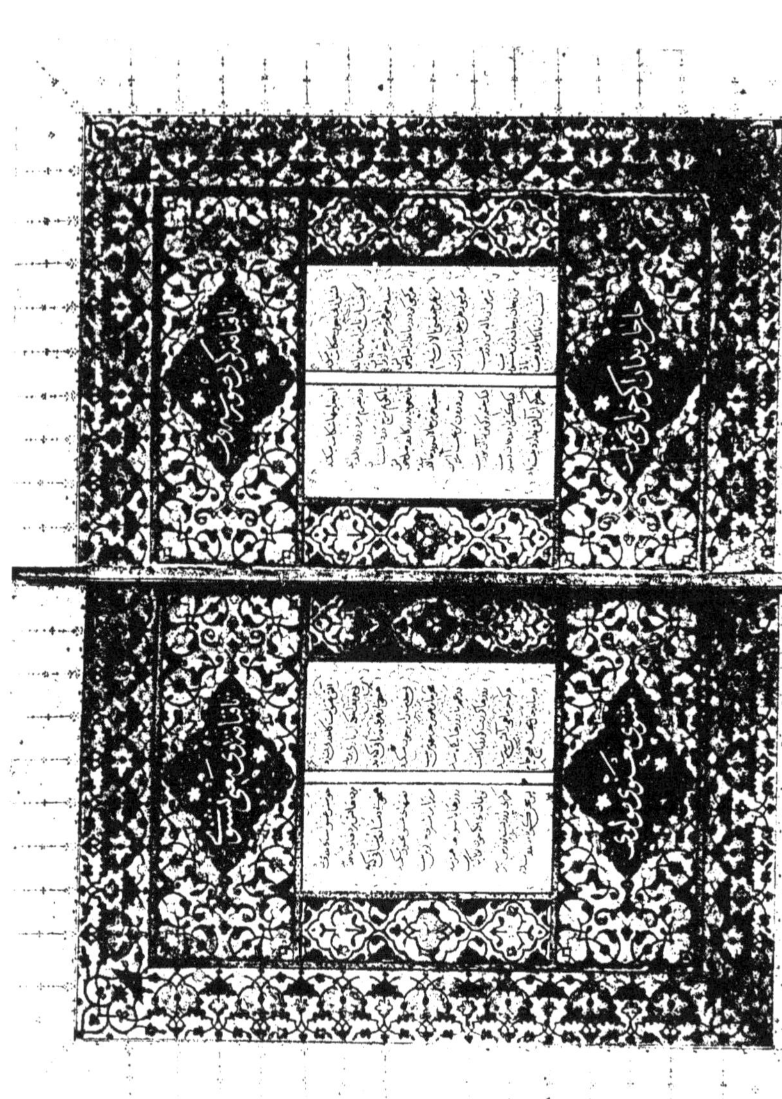

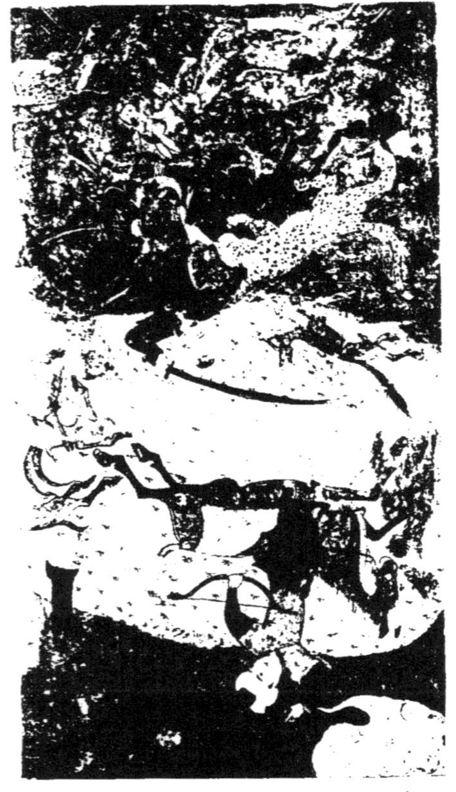

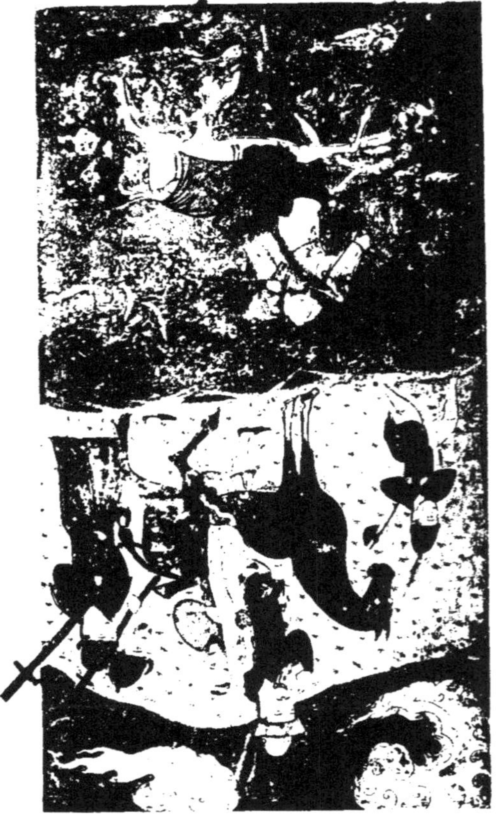

www.ingramcontent.com/pod-product-compliance
Ingram Content Group UK Ltd.
Pitfield, Milton Keynes, MK11 3LW, UK
UKHW021530260726
13993UKWH00004B/1900